Charles Clément

Nicolas Poussin

Sa vie et ses œuvres

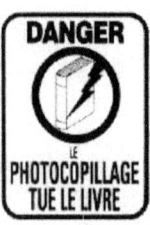 Le code de la propriété intellectuelle du 1er juillet 1992 interdit en effet expressément la photocopie à usage collectif sans autorisation des ayants droit. Or, cette pratique s'est généralisée dans les établissements d'enseignement supérieur, provoquant une baisse brutale des achats de livres et de revues, au point que la possibilité même pour les auteurs de créer des œuvres nouvelles et de les faire éditer correctement est aujourd'hui menacée. En application de la loi du 11 mars 1957, il est interdit de reproduire intégralement ou partiellement le présent ouvrage, sur quelque support que ce soit, sans autorisation de l'Éditeur ou du Centre Français d'Exploitation du Droit de Copie , 20, rue Grands Augustins, 75006 Paris.

ISBN : 978-1726458733

10 9 8 7 6 5 4 3 2 1

Charles Clément

Nicolas Poussin

Sa vie et ses œuvres

Table de Matières

Introduction	7
Section I	10
Section II	20
Section III	27
Section IV	33
Section V	37
Notes	44

Introduction

Nicolas Poussin naquit aux Andelys ; près de Rouen, au mois de juin de l'année 1594 : il précéda de dix ans Corneille, son compatriote, qui devait être son émule par la grandeur du génie, la rectitude du caractère, la force de la pensée, la pureté et la simplicité des mœurs. Ces deux grands hommes, ces deux grands artistes, ces deux robustes frères en poésie ouvrent splendidement ce XVIIe siècle français qui devait voir mûrir les fruits les plus nombreux, les plus variés, les plus exquis du mouvement d'idées qui commence à la renaissance italienne et vient finir sur le seuil d'un monde nouveau, à l'*Esprit des Lois* et au *Contrat social*. Il paraît d'abord étonnant de rencontrer un des premiers peintres du monde dans un pays qui n'est certainement pas la patrie de la peinture moderne et dans un temps qui venait de voir mourir les plus grands artistes de l'Italie, et se perdre sous l'empire de nouveautés médiocres ou bizarres la tradition de leurs doctrines ; mais certaines époques sont comme ces saisons fécondes qui donnent la vie aux moindres semences. Le XVIIe siècle ressemble à ces jours d'été chauds, mais un peu voilés, qui présentent dans un moment unique et admirable des fleurs et des fruits déjà mûrs. La gerbe qu'il apporte au trésor de la science et de l'art est peut-être plus belle qu'aucune autre : il en est de plus brillantes peut-être, il n'en est point de plus harmonieuses et de plus complètes. On pourrait encore comparer ce temps à un homme dans la vigueur de l'âge : un corps robuste, un esprit étendu et sain, des pensées fortes et délicates, nombreuses, et précises ; de vastes aspirations, mais retenues dans les limites des forces humaines ; rien de la fougue inutile de l'extrême jeunesse, rien non plus de la sagesse stérile de la caducité ; jamais de ces chimères trompeuses qui égarent nos premiers pas, que le grand soleil de midi disperse, et qui reviennent, lorsque la raison décline, misérablement dégrader nos dernières années. Ce siècle adulte ne connaissait ni cette inquiétude, ni cette tristesse maladive qui nous dévore, et qui fait si intimement partie de nous-mêmes, qu'il paraît impossible d'en découvrir le germe et de la déloger : mal héréditaire qui circule dans nos veines, et que nous avons sucé au sein de nos mères avec la vie.

Il ne nous reste que des documents incertains et peu nombreux sur la jeunesse de Poussin. Son père, Jean Poussin, était originaire de Soissons, d'une bonne famille, probablement noble, mais ruinée pendant les guerres qui dévastèrent la France au XVIe siècle. Jean Poussin prit part lui-même aux dernières campagnes, et Félibien rapporte que ce fut à la suite du siège de Vernon, auquel il avait assisté avec un de ses oncles, qu'il épousa Marie de Laisement, veuve d'un procureur de cette ville [1]. Nicolas Poussin naquit de ce mariage. Son père, qui, vivait d'une petite pension [2], lui fit faire les études habituelles. S'il faut en croire la tradition, l'enfant, d'ailleurs appliqué, passait une bonne partie de ses heures de leçons à couvrir ses livres et ses cahiers de dessins ; incorrects sans doute, mais qui témoignaient déjà de ses dispositions. Quintin Varan, peintre médiocre d'Amiens, dont le nom serait inconnu, s'il n'était associé à celui de Poussin dans l'histoire, pressentit son talent, lui donna quelques leçons et engagea ses parents à ne pas contrarier son goût [3].

Le jeune Poussin, encouragé par Varin, quitta tout pour la peinture. Ses progrès furent si rapides, qu'il n'eut bientôt plus rien à apprendre de son maître. Les ressources bornées de sa petite ville ne lui suffisaient plus ; il quitta les Andelys sans le consentement et probablement même à l'insu de son père, et arriva à Paris en 1612. Il a' ait dix-huit ans. Poussin, fit, dès son arrivée, la connaissance d'un jeune gentilhomme poitevin qui avait le goût des beaux-arts et lui donna un logement dans sa maison. Après avoir travaillé pendant quelque temps dans l'atelier de Ferdinand Elle de Malines, un assez bon peintre de portraits, il passa dans celui de Lallemand, peintre *fort peu habile*, suivant Félibien, et dont il ne nous est rien resté ; mais son maître véritable, après son propre génie, ce fut Raphaël.

Quoiqu'un siècle presque entier se fût écoulé depuis la mort du chef de l'école romaine, ses tableaux, et même les gravures d'après lui étaient fort rares en France ; le roi seul en avait et ne les montrait pas à tout le monde. On sait l'effet que produisirent, vingt ans plus tard quelques copies de ce maître que le maréchal de Créqui rapporta de Venise et de Rome [4]. Poussin, avait fait, par l'intermédiaire de son protecteur, la connaissance d'un mathématicien du roi attaché aux galeries du Louvre, qui possédait une collection de gravures d'après les meilleurs tableaux des écoles italiennes, et même

Introduction

quelques dessins originaux de Raphaël et de Jules Romain. Il eut la liberté de voir et de revoir ce trésor, et même d'en copier les pièces les plus importantes. On peut facilement se représenter la surprise et l'admiration que devaient causer aux peintres français de cette époque les chefs-d'œuvre des écoles italiennes. C'étaient comme des jours ouverts sur un monde inconnu, qu'ils avaient à peine rêvé, ils passaient sans transition d'une obscurité à peu près complète à la plus vive lumière qui eût jamais éclairé les arts.

Les progrès de Poussin furent sans doute rapides, mais il ne nous reste absolument rien d'authentique qui puisse être rapporté avec certitude à cette époque de sa vie. Son protecteur, rappelé dans le Poitou, l'engagea à le suivre. Le jeune artiste s'y décida, plus par reconnaissance que par ambition. D'ailleurs il pensait sans doute que son temps ne serait pas absolument perdu, qu'il pourrait étudier, et que les travaux de décoration qu'il s'était engagé à faire dans le château de son ami ne lui seraient pas inutiles. Ses espérances furent déçues. Traité comme une sorte de domestique par la mère du jeune gentilhomme ; chargé de travaux sans rapport avec son art, à peine supporté comme un hôte incommode et indiscret, irrité, découragé, humilié, il partit plus pauvre que devant pour revenir à Paris. Il faisait la route à pieds et était obligé de s'arrêter de lieu en lieu pour gagner de quoi continuer son voyage. La tradition rapporte qu'il peignit jusqu'à des enseignes de cabaret pour acquitter le prix de son modeste repas. Ces atteintes de la misère, qui souillent et dégradent les talents médiocres, donnent plus d'éclat, de grandeur et de force au génie. C'est probablement à cette époque qu'il faut rapporter les deux tableaux de Poussin que l'on voyait dans l'église des capucins de Blois [5] au milieu du XVIIe siècle, ainsi que *les Bacchanales* du château de Cheverni.

Ce voyage, qui doit avoir duré plusieurs mois, avait tellement fatigué Poussin, qu'il tomba malade en arrivant à Paris et fut obligé de retourner aux Andelys pour se rétablir [6]. Il y passa un an, et revint à Paris dans l'intention bien arrêtée d'aller à Rome. Il partit en effet, mais on ne sait quel contre-temps le força de s'arrêter à Florence, d'où il revint en France. Une seconde fois, il fut encore moins heureux et ne dépassa pas Lyon. En 1623, étant à Paris., il fut invité par les jésuites, qui célébraient la canonisation de saint Ignare et de saint Xavier, à concourir pour la peinture à la détrempe

9

des tableaux représentant les miracles de ces deux saints.

Avant cette époque déjà, Poussin avait fait la connaissance du cavalier Marin, qui travaillait alors à son poème d'*Adonis*, et qui prenait grand plaisir à voir l'imagination du peintre en tirer des sujets de tableaux. Marin voulut l'emmener à Rome vers 1622[7], mais Poussin « n'était pas en état, dit Félibien de quitter Paris. » Était-ce encore la pauvreté qui l'enchaînait, ou le concours dont nous avons parlé, ou le désir «d'achever quelques tableaux commencés et en particulier *la Mort de la Vierge*[8], conservée longtemps dans une des chapelles de Notre-Dame, et qui date de cette époque ? Félibien et Bellori regardent ce tableau comme un des meilleurs de sa première manière ; mais ce que nous en savons nous suffit pour affirmer que *la Mort de la Vierge* ne faisait pas pressentir le génie de l'auteur futur de *l'Image de la vie humaine et du Testament d'Eudamidas*[9].

Poussin avait connu Philippe de Champagne au collège de Laon. Ils demeurèrent quelque temps ensemble. Duchesne les avait employés l'un et l'autre à la décoration du Luxembourg, et, quoique Poussin se fût vite dégoûté des misérables travaux qu'un maître ignorant lui imposait, il n'est pas douteux qu'il demeura lié avec Champagne, dont l'esprit sérieux n'était pas sans analogie avec le sien. On aime à se persuader que cette amitié l'aida à traverser sans trop de souffrance ces douze années de travaux obscurs et incessants, de tentatives infructueuses et sans doute aussi de misère, après lesquelles commence, avec le voyage de Poussin à Rome, la période vraiment féconde et glorieuse de la vie du peintre.

Section I

Poussin arriva à Rome au commencement de l'année 1624. Il y fut reçu par le cavalier Marin, qui, avant son départ pour Naples, où il devait mourir, lui ouvrit les trésors du palais Barberini ; mais il parait que cette protection ne lui fut d'aucune utilité pécuniaire. Il resta pendant longtemps très pauvre, « se passant, » dit Félibien, « de peu de chose pour sa nourriture et pour son entretien. » Sa peinture trouva si peu d'accueil parmi les amateurs de Rome, éblouis par la manière lâchée et le pinceau brillant du Guide, qu'il fut réduit à donner pour 8 livres un tableau représentant un prophète, et pour 60 écus la *Peste des Philistins*, qui, plus tard, en fut vendue 1,000 au cardinal de Richelieu. Il était logé avec le sculpteur Duquesnoi, aussi pauvre que lui pour le moins. Il l'aidait à modeler des figurines d'après l'antique, et c'est avec lui qu'il mesura quelques-unes des plus célèbres statues de Rome, et en particulier l'Antinoüs. Bellori assure avoir vu le travail original de Poussin, et nous en a conservé un trait. Il n'est pas douteux que ces travaux de sculpture eurent une grande influence sur sa manière, et contribuèrent à donner à ses figures cette sécheresse de contours et ce caractère abstrait des formes que ses détracteurs lui ont tant reprochés. Il faut remarquer encore que Poussin, frappé de l'admirable perfection de l'antique, et ne remarquant pas assez que les qualités de la sculpture ne sont pas celles de la peinture, n'a presque jamais peint d'après le nu. En se promenant dans les vignes voisines de Rome et dans les campagnes, il dessinait les statues qui s'y trouvaient en grand nombre, et jusqu'aux moindres fragments antiques ; d'une autre part, il notait avec le plus grand soin les gestes et les attitudes des gens qu'il rencontrait. Quoique nous n'en ayons aucune preuve positive, il nous paraît probable que Poussin travaillait surtout de pratique, qu'il appliquait pour ainsi dire les gestes et les poses des personnages qu'il avait remarqués aux souvenirs des statues pris comme fond de son travail. Il est résulté de cette habitude que plusieurs de ses tableaux ont quelque chose de mal accordé, comme si les gestes et les expressions avaient été ajoutés après coup aux personnages. Il faut attribuer à la même cause l'absence fréquente de la partie agréable, de cette fleur de la beauté, à laquelle on ne doit pas donner trop d'importance, mais qu'il ne faut pas négliger outre mesure et sans utilité. Hâtons-nous d'ajouter que Poussin était bien loin de se borner à étudier l'antique et à collectionner des traits, des attitudes, des gestes. Il avait fait copier par son beau-frère Dughet une partie du *Traité de perspective* du père Matteo Zoccolini, maître du Dominiquin, et de celui de Vittellione. Il s'était approprié ces deux ouvrages en y aboutant sans doute de son propre fonds ; il discourait même de la perspective scientifique avec une si grande supériorité, que ses amis crurent pendant longtemps qu'il avait écrit un ouvrage sur cette matière, et qu'il fallut une lettre très positive de Dughet pour les dissuader. Il avait étudié l'anatomie avec Nicolas Larche et sur les figures de Vesale, la peinture théorique dans les livres d'Albert Durer, d'Alberti et de Léonard de Vinci. Enfin, ses tableaux montrent quelle étude profonde et suivie il dut faire des poètes et de la Bible.

C'était à cette époque un esprit mûri et développé par des travaux de toute sorte, profond, clair et sensé ; un véritable esprit français, dans la bonne acception du mot, comme on le dirait de Descartes ou de Corneille, moins analyste que le premier, aussi poétique que le second qui garda pendant soixante-douze ans l'enthousiasme de l'art, ce qui lui permettait de dire tout à la fin de sa vie : « En vieillissant, je me sens toujours plus enflammé du désir de me surpasser et d'atteindre la plus haute perfection. »

Au commencement du séjour de Poussin à Rome, deux peintres agirent particulièrement sur lui : Titien et le Dominiquin. Il allait souvent voir à la villa Ludovisi un tableau du premier de ces maîtres, représentant des jeux d'enfants. Ses ouvrages de cette époque témoignent très vivement de l'influence du coloriste vénitien. Nous ne ferons que rappeler deux admirables *Bacchanales* de la galerie nationale de Londres, celle surtout où le peinte a placé une jeune fille qui presse une grappe de raisin dans une coupe que deux enfants se disputent. Ce tableau date certainement du premier séjour que Poussin fit à Rome, ou même de son voyage à Florence et à Venise. Il porte, dans tous les cas, la trace bien évidente de l'influence que les Vénitiens et exercèrent sur lui. Cette influence est bien plus manifeste encore dans un tableau conservé à la galerie Colonne, représentant une scène du Décameron, et que l'on prendrait pour un Tintoret, si l'on ne considérait que la transparence brillante de la couleur, la richesse de la pâte, la vigueur et la solidité du clair-obscur. Ce tableau a dû être fait pendant le séjour même du peintre à Venise. Craignant toutefois que cette préoccupation trop exclusive de la couleur ne nuisît à la sévérité de son dessin, le peintre français se mit bientôt à étudier le Dominiquin. La force des expressions la vérité du dessin le mérite de composition, qui distinguent plusieurs des ouvrages du Dominiquin, l'avaient il vivement frappé, et il alla jusqu'à proclamer *la Communion de saint Jérôme*, et non pas le chef-d'œuvre de la peinture, comme on l'a avancé, mais l'un des trois plus beaux tableaux qui fussent à

Rome à cette époque. Les deux autres étaient *la Transfiguration* de Raphaël et *la Descente de Croix* de Daniel de Volterre.

Il y avait dans l'église de Saint-Grégoire deux tableaux, représentant *la Marche au supplice* et *la Flagellation de saint André*. Le premier était du Guide, l'autre du Dominiquin. La foule des jeunes peintres étudiait ou copiait le premier. Poussin presque seul était au second. Le Dominiquin, méconnu, pauvre et mourant, ayant appris qu'un jeune homme copiait son tableau, et déclarait nettement qu'il le préférait à celui de son rival, se fit transporter dans l'église. Poussin le croyait mort, et le prenant pour un étranger, se mit à lui détailler avec feu les beautés de sa propre œuvre. Le Dominiquin embrassa cet ami inconnu qui venait de le venger de l'injustice de ses contemporains.

Une lettre sans date, adressée au chevalier del Pozzo, se rattache à ces premières années du séjour de Poussin à Rome ; elle nous le montre encore pauvre et déjà attaqué de la maladie cruelle qui ne le quitta plus. « Je m'enhardis à vous écrire la présente ne pouvant point venir vous saluer à cause d'une infirmité qui m'est survenue, pour vous supplier humblement de m'aider en quelque chose. Je suis malade la plupart du temps, et n'ai aucun autre revenu pour vivre que le travail de mies mains... J'ai dessiné l'éléphant dont il m'a paru que votre seigneurie avoir envie, et je lui en fais présent. Il est monté par Annibal et armé à l'antique. Je pense tous les jours à vos dessins, et j'en aurai bientôt fini quelqu'un. » Poussin se serait-il souvenu de ses mauvais jours ; en composant plus tard son *Repos dans le Désert* [10] ? et l'éléphant qu'il a mis dans le paysage serait-il le même que nous venons de voir armé à l'antique et monté par Annibal ? La lettre que nous avons citée doit être de 1628 ou de 1629 au plus tard, car Poussin demeura, depuis cette époque, chez son compatriote Dughet, et il était par conséquent à l'abri des plus dures atteintes de la misère. Il avait épousé, en 1629, une des filles de son hôte, nommée Anna-Maria, qui l'avait soigné avec dévouement pendant une maladie. Il avait employé sa dot à acheter une maison sur le mont Pincio, à côté de celle de Salvator Rosa, vis-à-vis de celle du Lorrain. C'est sans doute à cette époque qu'il faut placer, le terme de sa longue et laborieuse jeunesse. Des travaux importants l'occuperont seuls désormais ; mais il se passera bien des années avant qu'il ait forcé l'attention des Romains, blasés par leurs écoles bâtardes, et conquis l'universalité des suffrages qui devaient plus tard accueillir chacun de ses chefs-d'œuvre.

Il ne faudrait pas croire cependant que tous les tableaux qu'il fit de 1630 à 1642, époque de son voyage en France, soient de la même valeur et aient la même perfection. Ses compositions gracieuses de cette première période, malgré des qualités éminentes, sont loin, à bien des égards, de ses autres productions. Poussin n'a jamais connu cette beauté du visage qui coule du pinceau de Raphaël comme d'une source divine. Il est vrai qu'il rachetait ce défaut par tant de force, d'ampleur, de distinction dans les formes générales, de goût dans les attitudes et dans l'arrangement des draperies ; qu'on oublie de remarquer cette absence fréquente de la grâce dans la beauté ; mais le défaut existe, et le temps, qui a noirci ses tableaux plus que beaucoup d'autres, ne suffit pas à le laver de tout reproche à cet égard.

La *Mort de Germanicus* est le premier grand tableau qui fut commandé à Poussin [11]. C'est aussi la première de ces compositions pathétiques dans lesquelles il excelle et que nous verrons reparaître sous une forme plus admirable encore dans *l'Extrême-Onction* et *le Testament d'Eudamidas*. La *Prise de Jerusalem*, le *Frappement du Rocher*, la première suite des *Sacrements*, peinte pour le chevalier del Pozzo [12], datent du premier séjour à Rome. Il y faut joindre deux œuvres de pleine maturité, *la Manne* et *l'Enlèvement des Sabines*. Poussin a surpassé ces deux tableaux, mais il n'a mis au même degré dans aucun autre des qualités de premier ordre et les défauts qu'on a coutume de lui reprocher.

Le tableau de *la Manne* ne présente pas une action principale qui attire vivement l'attention et à laquelle les épisodes soient franchement subordonnés. Ces épisodes forment le tableau véritable ; c'est d'eux que ressort la pensée claire que le peintre a voulu exprimer. C'est ainsi que Poussin l'explique lui-même dans une lettre adressée à son ami Stella, et citée par Félibien : « J'ai trouvé, dit-il, une certaine distribution pour le tableau de M. de Chantelou, et certaines attitudes naturelles qui font voir dans le peuple juif la misère et la faim où il était réduit, et aussi la joie et l'allégresse où il se trouve, l'admiration dont il est touché, le respect et la révérence qu'il a pour son législateur, avec un mélange de femmes, d'enfants et d'hommes d'âges et de tempéraments différents, choses qui, comme je le crois, ne déplairont pas à ceux qui les sauront bien lire [13]. » C'est bien cela. On voit clairement, dans le tableau de la Manne, la misère de tout ce peuple, et aussi sa joie ; sa reconnaissance, à la vue du miracle qui le sauve ; mais pourquoi Moïse et Aaron sont-ils au second ou au troisième plan ? Pourquoi surtout des épisodes, admirablement traités d'ailleurs, forment-ils chacun un tableau complet ; tellement qu'on pourrait les détacher sans en affaiblir la valeur propre et sans anéantir l'ouvrage lui-même ? Si l'on considère avec quel soin les figures de Moïse et d'Aaron sont traitées, l'importance des personnages qui les entourent, on se convaincra facilement que c'est bien là, autour de Moïse, qu'est le tableau, et que la pensée du miracle est bien la grande pensée, la pensée poétique qui devait le dominer. Ce n'est que plus tard que l'analyse, le raisonnement, le travail de la pensée, ont refroidi le premier jet, interverti les rôles et fait une œuvre descriptive, et pour ainsi dire littéraire, d'une œuvre où devait dominer l'imagination. Une seule figure a échappé à cette transformation fâcheuse : c'est celle d'une jeune fille, à la droite du tableau, tendant sa robe à la manne qui tombe du ciel, dans un mouvement sublime de confiance et d'abandon. Il faut remarquer encore qu'une autre préoccupation inverse de la première se fait clairement apercevoir dans cette œuvre considérable. Malgré le soin que l'auteur a pris de diversifier les attitudes, les gestes, les expressions de ses personnages, on pourrait nommer les statues qui lui ont servi de modèles. Poussin est évidemment, dans ce beau tableau, hors jusqu'à un certain point de la voie véritable et naturelle de la peinture. L'*Enlèvement des Sabines* prêterait à des remarques semblables. Cependant cette scène tumultueuse est traitée avec une telle supériorité, que l'émotion domine tout autre sentiment. L'audace des attitudes, le mélange de férocité et d'amour qui éclate dans les traits de ces futurs maîtres du monde, ce que Marini disait de Poussin au cardinal Barberini : *Vedete un giovane che a una furia di diavolo.*

Un tableau dont aucun document n'atteste la date précise se rattache évidemment à cette époque de la vie du peintre. C'est l'*Image de la Vie humaine*, qui se trouvait dans la galerie Fesch, et qui est, grâce à la belle gravure de Morghen, présente à tous les souvenirs. Le temps sous les traits d'un vieillard assis et jouant de la lyre fait danser quatre femmes qui représentent les quatre âges de la vie, ou, suivant d'autre les quatre saisons de l'année : un enfant tenant un sablier est à ses pieds. Dans le ciel, sortant des nuages de l'horizon, paraît le Soleil, précédé de l'Aurore, suivi des Heures, qui semblent danser en volant. Nous ne voulons relever ni l'aplomb, la justesse, de l'allégorie, ni la beauté et la distinction des figures, ni l'excellence du coloris, mais seulement cette figure du Temps, qui découvre aux yeux tout un monde mystérieux et inconnu. Elle rappelle certains tableaux de Léonard de Vinci, que l'on trouve bizarres d'abord, ensuite sublimes. Il y a dans tout ce corps chétif et amaigri, dans ce visage à la fois débonnaire et railleur, sardonique et souriant, quelque chose qui laisse sous une angoisse singulière. C'est dans cette puissance de transporter la pensée bien au-delà de l'image qu'il faut chercher le caractère poétique de Poussin. Cette puissance est d'ailleurs le trait fondamental, essentiel ; pour ainsi dire unique du peintre. Poussin est idéaliste toujours et dans tout, non pas qu'il se soit jamais imaginé de changer, de corriger, d'embellir la nature : l'idéal n'est point la réalité remaniée, transformée, arrangée au gré de l'imagination, mais la réalité vue jusqu'aux entrailles dans le moment sublime du génie. L'art fixe irrévocablement cette image, qui, même pour l'artiste, ne brille que le temps d'un éclair. Nous pouvons avoir aussi continuellement sous les yeux ou dans la mémoire cette nature sans voiles que nos préoccupations, nos passions ou notre médiocrité nous empêchent souvent d'apercevoir.

Le tableau du *Temps* ne justifie guère les reproches qu'on a adressés à la couleur de Poussin : Quoi qu'il en soit, ces reproches existent, et nous ne voulons pas les nier, mais limiter, distinguer, séparer le vrai du faux. Il est impossible d'admettre le blâme sous la forme absolue et que quelques personnes lui donnent et qu'une étude superficielle légitime au premier abord. Ce mot de couleur est employé par les peintres pour exprimer tout ce qui n'est ni le dessin, ni la disposition, ni l'expression. Il est certain qu'adopté dans ce sens beaucoup trop large, ce mot prête à une foule d'équivoques. Il est vrai que Nicolas Poussin n'a ni cet éclat dans les draperies, ni cette vérité, cette transparence des chairs, ces admirables qualités du clair-obscur et de la pâte qui donnent aux tableaux de Corrège, de Rubens ou de Paul Véronèse une incroyable réalité ; mais il est faux qu'il n'eût pas, et à un haut degré, la plupart des qualités du coloriste. Ces qualités, dont le nombre est considérable, peuvent se ranger sous deux chefs qu'il suffira de nommer pour éclaircir singulièrement la question :

1° La perspective aérienne, qui s'exprime par le clair-obscur, ou par la valeur relative des ombres, sans égard à la couleur proprement dite ;

2° La couleur locale, qui consiste dans la valeur du ton jugé indépendamment de ce qui l'entoure.

La perspective aérienne, l'harmonie des tons entre eux, la dégradation et la subordination des ombres et des lumières font si bien partie des qualités du coloriste, que nous disons tous les jours qu'une sépia, un dessin au bistre et même un dessin au crayon noir ont de la couleur, quoiqu'il n'y ait aucune nuance dans un dessin et qu'il ne se trouve dans la sépia ou dans le bistre qu'une gamme de valeurs relatives. Ces remarques n'atténuent pas les reproches légitimes que l'on fait à la couleur de Poussin ; elles les renferment, nous le répétons, dans de justes limites, et, quant à la vivacité que quelques personnes mettent à discuter cette question, nous sommes bien loin de nous en plaindre. La couleur est l'origine propre de la peinture, et les autres arts, sculpture, poésie, musique, sont inhabiles à exprimer comme elle le fait les plus intimes et les plus légères émanations de la vie. Elle a le pouvoir de saisir et de fixer au moyen de la couleur, ces altérations subites, témoins plus vrais de nos passions que l'expression des gestes ou de la physionomie, que nous changeons et faisons mentir à notre volonté. N'est-ce pas elle qui donne aux yeux le feu de la colère, l'ardeur du désir, qui charge les paupières de langueur et de volupté, et qui trace autour des orbites ce cercle nuageux et bleuâtre, signe de la fatigue ou de la douleur ? On ne peut assez remarquer l'importance de cette couleur locale, et, bien loin de la ravaler, nous reprochons aux naturalistes de la compromettre en la réduisant à la ressemblance vulgaire et brutale. La couleur aussi, comme la composition, est idéalisée par le génie, et c'est cette idéalisation qui fait que nous nous souvenons des yeux, du front, des cheveux d'une femme de Corrège, de l'épaule d'une courtisane de Rubens, plus que de tous les dessins des Carrache ou de Jules Romain.

La réputation de Poussin fut lente à s'établir. On le regarda longtemps moins comme un peintre que comme un penseur. Il vivait très retiré, et employait le temps que lui laissait la peinture à faire, dans les environs de Rome, de longues et solitaires promenades, pendant lesquelles il méditait ses tableaux. Ses biographes, racontent qu'il allait souvent s'asseoir, le matin, avec Claude Lorrain, sur la terrasse de la Trinité-du-Mont, et qu'il passait des heures entières à discourir sur la peinture ou les antiquités. Il n'avait point d'élèves, il avait peu d'amis. Sans être misanthrope, il aimait la solitude, et s'était fait à cette vie de Rome, dont la monotonie et le calme convenaient à son caractère et à la nature de son génie. Il ne faut donc pas s'étonner qu'il ait reçu avec une sorte d'effroi les premières offres qui lui furent faites d'aller à Paris. Il écrivait, le 15 janvier 1638, à M. de Chantelou, qui avait été chargé de faire les premières ouvertures : « Pour la résolution que monseigneur de Noyers désire savoir de moi, il ne faut pas s'imaginer que je n'aie été en grandissime doute de ce que je dois répondre ; car, après avoir demeuré l'espace de quinze ans entiers dans ce pays-ci, assez heureusement, mêmement m'y étant marié et étant dans l'espérance d'y mourir, j'avais conclu en moi-même de suivre le dire italien : *Chi' sta bene non si muove* ! » Il ajoutait : « J'ai été fortement ébranlé par une note de M. de Chantelou, mêmement je me suis résolu de suivre le parti que l'on m'offre, principalement parce que j'aurai par-delà meilleure commodité de vous servir, monsieur ; vous à qui je serai toute ma vie étroitement obligé. Je vous supplie, s'il se présentait la moindre difficulté à l'accomplissement de notre affaire, de la laisser aller à qui la désire plus que moi... Ce qui me fait promettre est en grande partie pour montrer que je suis obéissant ; mais cependant je mettrai ma vie et ma santé en compromis par la grande difficulté qu'il y a à voyager maintenant... Mais enfin je remettrai tout entre les mains de Dieu et entre les vôtres. »

On voit avec quelle peine Poussin se décida à venir en France. Il n'avait sans doute pas oublié les douze pénibles années qu'il avait passées à Paris, et il prévoyait probablement qu'on ne pouvait s'y soutenir et y garder son rang que par mille intrigues et la perte de tout repos ; mais le roi était décidément las de Vouet : il nomma Poussin l'un de ses peintres ordinaires, et le pressa lui-même de venir occuper son poste dans une lettre que Félibien nous a conservée [14]. Il était d'ailleurs difficile de résister aux instances de M. de Noyers et aux propositions précises et honorables qu'il faisait à Poussin. « Je vous fais écrire et je vous confirme par celle-ci, qui vous servira, de première assurance de la promesse que l'on vous a faite, jusqu'à ce qu'à votre arrivée je vous mette en mains les brevets et les expéditions du roi. Je vous enverrai 1,000 écus pour les frais de votre voyage ; je vous ferai donner 1,000 écus de gages pour chacun an, un logement commode dans la maison du roi, soit au Louvre, à Paris, soit à Fontainebleau, à votre choix ; je vous le ferai meubler honnêtement pour la première fois que vous y logerez, si vous voulez, cela étant à votre choix. Je vous confirme que vous ne peindrez point en plafond ni en voûte, et que vous ne serez engagé que cinq années, ainsi que vous le désirez, bien que j'espère que, lorsque vous aurez respiré l'air de la patrie, difficilement le quitterez-vous. »

Poussin écrivit à M. Lemoine qu'il acceptait toutes ces conditions ; mais on voit percer dans cette réponse de la tristesse et comme un pressentiment des ennuis qui l'attendaient à Paris. « Quand j'ai eu pensé au choix que me donne ledit M. de Noyers d'habiter à Fontainebleau ou à Paris, j'ai choisi la demeure de la ville et non pas celle des champs, où je vivrais déconsolé. C'est pourquoi vous prierez de ma part notre dit seigneur qu'il lui plaise de me faire ordonner quelque pauvre trou, pourvu que je sois auprès de vous. » Malgré ces détails, qui marquent une intention bien arrêtée de se rendre à Paris, Poussin semble hésiter encore. Tantôt c'est le tableau de *la Manne* qui n'est pas achevé, tantôt d'autres ouvrages commencés, pour « des personnes de considération avec qui il veut en sortir honnêtement, » tantôt « son misérable mal qui n'est pas guéri, et qui le forcera de retomber entre les mains des bourreaux de chirurgiens. » Il craint d'avoir fait « une grande folie en abandonnant la paix et la douceur de sa petite maison pour des choses imaginaires. » Enfin, il semble renoncer tout-à-fait à son projet, et il écrit à MM. de Noyers et Chantelou pour se dégager ; mais M. de Chantelou s'était trop avancé pour ne pas aller jusqu'au bout : il vint à Rome dans le courant de l'année 1640, et en ramena Poussin presque de force. Poussin laissa sa femme à Rome ; il prétexta le désir qu'il avait de lui éviter les fatigues d'un emménagement. Il est possible qu'il prévît que son séjour ne serait pas long. Il ne put cependant se décider à partir seul, et emmena son beau-frère Dughet.

Section II

Pendant le XVIe siècle, la peinture française n'avait eu qu'un seul représentant distingué ; mais, lorsque Poussin revint à Paris, Jean Cousin était mort depuis longtemps [15] et sans laisser d'école. Il avait été entraîné lui-même, à la fin de sa vie, par l'influence malheureuse de l'invasion italienne et des décorateurs de Fontainebleau. Ses derniers ouvrages sont loin d'égaler ce beau *Jugement dernier* du Louvre et ces merveilleux vitraux qui ornent encore aujourd'hui plusieurs de nos églises. Léonard de Vinci mourut peu de temps après son arrivée en France, en laissant des chefs-d'œuvre, mais point d'élèves ni de tradition. Poussin trouva donc les esprits peu préparés à apprécier son talent sérieux et élevé. Le crédit de Vouet baissait à la cour, mais sa peinture facile et brillante avait gardé tout son prestige aux yeux du public. Vouet était avide d'argent, peu délicat sur les moyens qu'il employait et bien décidé à ne pas se laisser enlever une place qui lui rapportait honneur et profit. Il organisa contre Poussin ce qui pouvait le mieux lui réussir contre un tel homme, une guerre de chicanes qui lassa le grand artiste, mais ne laissa au peintre médiocre qu'une victoire honteuse dont il ne jouit pas long temps [16].

Poussin arriva à Paris dans les derniers jours de l'année 1640. M. de Noyers l'attendait avec impatience et le reçut avec de grandes démonstrations d'estime et d'amitié. Il le présenta aussitôt au cardinal de Richelieu, qui « l'embrassa ; dit Félibien, avec cet air agréable et engageant qu'il avait pour toutes les personnes d'un mérite extraordinaire, » Les prévisions fâcheuses qui avaient tant obsédé Poussin semblent s'être totalement évanouies pendant un instant ; et c'est avec une joie d'enfant qu'il raconte au cardinal Antonio del Pozzo, frère de son protecteur, le bon accueil qu'on lui a fait, et donne mille détails puérils sur sa maison des Tuileries. « Je fus conduit le soir par son ordre (de M. de Noyers) dans l'appartement qui m'avait été destiné : C'est un petit palais, car il faut l'appeler ainsi. Il est situé au milieu du jardin des Tuileries ; il est composé de neuf pièces en trois étages, sans les appartements d'en bas, qui sont séparés. Ils consistent en une cuisine, la loge du portier, une écurie, une serre pour l'hiver, et plusieurs autres petits endroits où l'on peut placer mille choses nécessaires. Il y a en outre un grand et beau jardin rempli d'arbres à fruit, avec une grande quantité de fleurs, d'herbes et de légumes ; trois petites fontaines, un puits, une belle cour dans laquelle il y a d'autres arbres fruitiers. J'ai des points de vue de tous côtés, et je crois que c'est un paradis pendant l'été… - En entrant dans ce lieu, je trouvai le premier étage rangé et meublé noblement, avec toutes les provisions dont on a besoin, même jusqu'à du bois et un tonneau de bon vin vieux de deux ans… J'ai été fort bien traité pendant trois jours avec mes amis, aux dépens du roi [17].

Nous ne craignons pas et pénétrer dans ce que beaucoup de lecteurs appelleront peut-être les minuties du caractère de ce grand homme. Poussin aimait le bruit de l'eau, et il parle de ses fontaines ; il aimait l'ombre des arbres, et peut-être même leurs fruits, et il parle de son jardin. On sait pour quelles misères nous avons changé ces puérilités ! Rien ne manque à ces hommes d'élite du XVIIe siècle. Ils ont à la fois les puérilités que nous venons de voir et « les heures d'élections » dont parle quelque part Poussin ; ils embrassent la vie dans sa notion la plus vaste, et des choses les plus basses jusqu'aux plus élevées la parcourent tout entière avec la même égalité.

Dès son arrivée à Paris, Poussin se mit au travail, faisant tout ce qu'on lui demandait : des frontispices pour une bible et pour un Virgile, qui sont des chefs-d'œuvre ; des cartons pour la galerie du Louvre, des projets pour ses deux tableaux de *la Cène* et du *Saint Xavier*, et pour le *Baptême de Jésus-Christ*, qu'il avait promis au chevalier del Pozzo. On le laissa commencer assez tranquillement. Le roi l'avait reçu de la manière la plus flatteuse ; il l'avait entretenu longtemps, et avait dit en se tournant vers les courtisans : « Voilà Vouet bien attrapé. » Il n'y avait pas moyen de lutter contre une pareille faveur. Le brevet du 2 mars 1641, dont Félibien nous a conservé le texte [18], qui nomme Poussin premier peintre du roi, dit en propres termes : « Sa majesté l'a choisi et retenu pour être son premier peintre ordinaire, et en cette qualité lui a donné la direction générale de tous les ouvrages de peinture et d'ornement qu'elle fera ci-après pour l'embellissement de ses maisons royales, voulant que ses autres peintres, ne puissent faire aucuns ouvrages pour sa majesté sans en avoir fait voir les dessins et reçu sur iceux les avis et conseils dudit sieur Poussin. »

Poussin employa la plus grande partie de cette année 1641 à préparer les dessins nécessaires à la décoration de la grande galerie du Louvre. « La grande galerie s'avance fort, écrit-il : à M. de Chantelou, et néanmoins il y a fort peu d'ouvriers... Je me suis occupé sans cesse à travailler aux cartons, lesquels je me suis obligé de vernir sur chaque fenêtre et sur chaque trumeau, m'étant résolu d'y représenter une suite de la vie d'Hercule, matière certes capable d'occuper un bon dessinateur tout entier [19]. » Malheureusement, Poussin savait peu de combien de précautions il faut envelopper les meilleures intentions. Fort de la commission positive qu'il avait reçue du roi d'ordonner les travaux de la galerie, et en homme qui se sent capable de la remplir, il attaqua de front son projet, sans trop ménager, à ce qu'il semble, les susceptibilités et les intérêts d'autrui. Il fit abattre les constructions massives et sans goût que Le Mercier, architecte du roi, avait élevées, et se fit de cet homme puissant un ennemi de plus, qui alla se joindre à la phalange de ses envieux. Fouquières, peintre flamand qui avait été chargé de peindre sur les trumeaux et entre les fenêtres de la galerie les principales villes de France, prétendait tout subordonner à ses tableaux. Poussin paraît ne l'avoir guère mieux reçu que les autres. « Le *baron* Fouquières, dit-il, est venu me trouver avec sa grandeur accoutumée ; il trouve fort étrange que l'on ait mis la main à la grande galerie, sans lui en avoir communiqué aucune chose. Il dit avoir un ordre du roi, confirmé par monseigneur de Noyers, touchant ladite direction, et prétend que les paysages sont l'ornement principal dudit lieu, étant le reste seulement des accessoires. J'ai bien voulu vous écrire ceci, seulement pour vous faire rire. » Ce Fouquières, qui se prétendait noble et ne peignait que l'épée au côté, est un exemple remarquable de l'espèce de vengeance que le temps exerce sur les hommes que l'engouement du public ou leurs propres intrigues élèvent au-dessus de leur véritable mérite. Félibien le nomme *excellent paysagiste*, et il est tombé dans un tel oubli, que le Louvre, qu'il devait décorer, ne possède aucun de ses ouvrages, et que nous en avons vainement cherché dans les musées de Hollande et de Belgique [20]. Fouquières était loin cependant de manquer absolument de mérite. Ses paysages n'ont rien qui rappelle le style de Poussin ou la couleur du Lorrain ; mais, quoique les fonds de ceux que nous avons vus soient fort gâtés on y distingue des qualités réelles, de l'entente dans la disposition de la lumière, de la solidité dans les terrains, un dessin sans force, mais pas incorrect, une couleur sans éclat, mais qui ne manque pas d'agrément.

Les menées et les intrigues de Le Mercier et de Vouet commencèrent, vers la fin de cette année, à inquiéter Poussin ; elles ne ralentissaient pas son activité, mais elles le fatiguaient et l'aigrissaient, comme le témoignent ses lettres de cette époque. « Je travaille sans relâche tantôt à une chose, tantôt à une autre. Je supporterais volontiers ces fatigues, si ce n'est qu'il faut que des ouvrages qui demanderaient beaucoup de temps, soient expédiés tout d'un trait. Je vous jure que, si je demeurais longtemps dans ce pays, il faudrait que je devinsse un véritable strappazzone, comme ceux qui y sont. Les études et les observations sur l'antiquité n'y sont connues d'aucune manière, et qui a l'inclination à l'étude et à bien faire doit certainement s'en éloigner.

« J'ai fait commencer, d'après mes dessins, les stucs et les peintures de la grande galerie, mais avec peu de satisfaction (quoique cela plaise a ces...), parce que je ne trouve personne pour seconder un peu mes intentions, quoique je fasse les dessins en grand et en petit [21]. »

Poussin espéra longtemps que son activité, les résultats de son travail, que l'on pouvait déjà entrevoir, et surtout le succès de ses tableaux (la Cène, maintenant au Louvre, avait réussi au-delà de ses espérances), désarmeraient ses ennemis, ou tout au moins le défendraient devant ses protecteurs et les personnes compétentes sans qu'il eût a s'en mêler ; mais il devint évident que les calomnies ridicules mises en circulation par Vouet et par ses amis étaient arrivées jusqu'au roi, et que le cardinal ni même M. de Noyers ne défendaient plus leur protégé avec la même ardeur qu'auparavant. Poussin fit un mémoire où il démontrait à la fois l'absurdité des accusations portées contre lui et la sottise de ses ennemis. Ce mémoire, dont il ne nous reste malheureusement que des fragments, est un chef-d'œuvre d'élévation, de vigueur, de clarté ;

et il est incroyable qu'il n'ait pas convaincu les moins clairvoyants. Poussin pulvérise les arguments de ses adversaires, et il expose les siens propres avec une force et un feu qui étonnent chez un homme « dont ce n'est pas le métier de savoir bien écrire, » et qui « a vécu avec des personnes qui ont su l'entendre par ses ouvrages [22]. » Toutefois ce mémoire ne tira point Poussin des mille tracas qu'on lui faisait, car, au printemps de 1642 ; il écrit à M de Chantelou : « Je ne saurais bien entendre ce que monseigneur désire de moi sans une extrême confusion ; d'autant qu'il m'est impossible de travailler en même temps à des frontispices de livres, à une Vierge, au tableau de la congrégation de Saint-Louis, à tous les dessins de la galerie, enfin à des tableaux pour des tapisseries royales. Je n'ai qu'une main et une débile tête, et ne peux être secondé de personne ni soulagé. »

Poussin regrettait tous les jours davantage de s'être engagé dans une affaire qu'il ne voulait pas rompre et qu'il ne savait comment délier. Il se décida à demander un congé pour aller chercher sa femme qu'il avait laissée à Rome ; il partit à la fin de septembre 1641. Les ennuis qu'il venait de subir semblent lui avoir dicté le sujet du dernier tableau qu'il ait fait à Paris, qui représente *le Temps emportant la Vérité pour la soustraire à l'Envie et à la Calomnie.* Poussin ne devait pas revenir à Paris, mais sa correspondance prouve d'une manière péremptoire [23] qu'il ne comptait rester à Rome que peu de temps, que son but principal était bien d'en ramener sa femme, et qu'il n'y a jamais eu dans cette demande de congé la perfidie et la mauvaise foi qu'on y a voulu voir.

Il ne nous reste des travaux faits pour la galerie du Louvre qu'une partie des dessins représentant la vie d'Hercule. Les monuments réels que Poussin a laissés à Paris du séjour qu'il y fit sont les trois tableaux que nous avons déjà nommés : *le Baptême, la Cène* et *le Saint Xavier. Le Baptême,* ouvrage très soigné, dans la manière ordinaire de l'auteur est, à notre avis, loin d'égaler ses meilleurs tableaux de cette époque. Il nous suffira de rappeler les deux admirables suites des *Sacrements* (l'une un peu antérieure, l'autre un peu postérieure à son séjour à Paris), et en particulier *l'Extrême-Onction,* dont Poussin lui-même n'aurait jamais égalé la grande ordonnance et le pathétique, s'il n'eût fait plus tard *le Testament d'Eudamidas* [24] et *le Massacre des Innocents.*

Le tableau du *Baptême* témoigne de l'agitation extrême de l'esprit de Poussin à cette époque. Il renferme des, beautés incomparables, et cependant l'effet total est loin de satisfaire complètement, l'application y est visible, et la volonté plutôt que l'entraînement poétique y conduit ce pinceau à l'ordinaire si docile et si spontané. Malgré l'avis contraire de la plupart des critiques, nous n'hésitons pas à mettre aussi dans la classe des œuvres inégales le grand tableau de *la Cène*, fait pour la chapelle de Saint-Germain et conservé au Louvre. Les têtes des apôtres manquent de distinction, l'ensemble de la scène a quelque chose de théâtral, enfin la lumière de la lampe donne aux chairs et aux draperies une couleur à la fois rouge et terne de l'effet le plus désagréable. Nous ne comprenons pas que les peintres ne s'affranchissent pas une bonne fois et pour toujours de cette sorte d'exigence traditionnelle qui les oblige à représenter l'institution de l'eucharistie comme une action clandestine faite à la lumière fausse d'une lampe dans un lieu enfumé. Certes, si quelque chose doit se passer à la pleine lumière du soleil, c'est bien ce premier repas de la fraternité chrétienne. *Cène* n'a d'ailleurs jamais voulu dire que *souper, repas du soir*, et il serait bien facile de représenter *la Cène* le soir, mais de jour ; la lumière, au lieu de devenir une difficulté presque insurmontable, serait alors un auxiliaire puissant. Il n'y aurait qu'à imiter l'excellent exemple de Léonard de Vinci. Poussin est tombé plusieurs fois dans cette regrettable erreur et notamment dans son admirable *Cène* de la suite des *Sacrements*.

Le plus considérable des ouvrages que Poussin fit à Paris est *le Miracle de saint Xavier*. Ce tableau, de la plus grande dimension ; puisque les figures, au nombre de quatorze ; sont plus fortes que nature, dément l'opinion vulgaire touchant l'infériorité constante des grands ouvrages de ce maître. Il représente saint Xavier rappelant une jeune fille à la vie. La jeune fille est couchée presque en travers du tableau. On voit sa tête, ses bras, sa poitrine et une partie, de son corps. Saint Xavier est de l'autre côté du lit, debout, les mains et la tête levés vers le ciel, appelant la puissance de Dieu au secours de la faiblesse humaine. Jésus-Christ, les bras étendus, entouré d'anges, paraît dans le ciel. Le miracle s'opère ; la jeune fille commence à secouer le lourd sommeil de la mort. La femme qui soutient sa tête vient de lire la dans ses yeux. La mère, en voyant son enfant renaître, se précipite sur son corps. Les gestes d'étonnement et d'admiration des assistants achèvent d'expliquer d'une manière parfaitement claire un sujet qui n'est pas absolument dans les moyens de la peinture ; car le retour à la vie ne peut pas s'exprimer par une de ces actions significative, tout entière et absolument déterminée dans un instant que saisit le peintre, et qui est tout son tableau mais par une série de mouvements successifs. Poussin a victorieusement tourné la difficulté en faisant lire aux spectateurs l'effet du miracle plus dans l'émotion des assistants que dans la figure même de la jeune fille. La peinture, qui doit toujours demeurer absolument objective, ne perd pas son caractère seulement le sujet n'est plus la morte, mais ceux qui la voient renaître.

Toutes les têtes de ce tableau sont admirablement vivantes. On remarque cependant de la sécheresse dans quelques parties et quelque chose de cerné dans les contours. La couleur est des meilleures, argentée et harmonieuse. Ce bel ouvrage, qui nous parait l'emporter sur la plupart des grandes toiles de Poussin, attira pourtant à l'auteur les dégoûts qui le forcèrent à quitter Paris ou plutôt à n'y pas revenir. On reprochait à son Christ de ressembler à un Jupiter tonnant plus qu'à un Dieu de miséricorde. Poussin répondit à merveille : « Ceux qui prétendent que le Christ ressemble plutôt à un Jupiter tonnant qu'à un Dieu de miséricorde peuvent être persuadés qu'il ne me manquera jamais d'industrie pour donner à mes figures des expressions informes à ce qu'elles doivent représenter, mais qu'il ne peut et ne doit s'imaginer un Christ ; en quelque action que ce soit, avec un visage de *Torticolis* ou de *père Douillet*, vu qu'étant sur la terre parmi les hommes il était difficile de le considérer en face [25]. »

Le départ de Poussin ne causa probablement un très vif regret qu'à Philippe de Champagne et à Lesueur. Nous avons vu qu'il avait connu le premier autrefois au collège de Laon, et qu'il avait travaillé avec lui à la décoration du Luxembourg. C'était peut-être le seul de ses amis de jeunesse qu'il eût retrouvé, et ces deux hommes étaient liés autant par la nature de leurs caractères que par des rapports de talent et de goût. Lesueur était de beaucoup leur cadet. Il avait abandonné Vouet et s'était attaché à Poussin, dont la peinture avait été pour lui une sorte de révélation. La pauvreté l'empêcha de suivre à Rome son nouveau maître, mais

Poussin lui resta tendrement attaché, comme à un élève digne de le comprendre et qu'il n'avait pas espéré. L'absence n'effaça pas cette liaison naissante, et Poussin ne cessa pas d'envoyer à Lesueur des conseils et des dessins qui pussent remplacer les exemples qui lui manquaient.

Ce départ de Poussin, chassé de son pays par des intrigues honteuses, est déplorable. Il brisa sans retour la dernière chance qui restait à la peinture française de se relier fortement à la tradition italienne du grand siècle. Il fallait un homme de l'autorité de Poussin pour réunir, pour discipliner et pour gouverner une foule d'artistes sans doctrine et sans traditions, et pour fonder une véritable école nationale. Nous souffrons encore de ce malheur, et nos artistes continuent à gaspiller les plus beaux talents, à tenter toutes les voies et à courir tous les hasards. Le destin des trois plus grands peintres, des trois seuls grands peintres du XVIIe siècle, est d'ailleurs remarquable. Poussin s'exila pour échapper aux tracasseries de la cour ; Lorrain, que le hasard avait conduit à Rome, y resta, et on sait comment Lesueur expia son génie.

Section III

Poussin rentra le 6 novembre 1642 dans sa petite maison du mont Pincio, qu'il ne devait plus quitter. Il apprit bientôt la mort de Richelieu ; quelque temps après, celle du roi, suivie de la retraite de M. de Noyers. Ces nouvelles, qui lui arrivèrent coup sur coup ; l'affectèrent vivement. Il écrivait le 9 juin 1643 à M. de Chantelou : « Je vous assure, monsieur, que, dans la commodité de ma petite maison et dans l'état de repos qu'il a plu à Dieu de m'octroyer, je n'ai pu éviter un certain regret qui m'a percé le cœur jusqu'au vif, en sorte que je me suis trouvé ne pouvoir reposer ni jour ni nuit ; mais à la fin, quoi qu'il m'arrive, je me résous de prendre le bien et de supporter le mal. Ce nous est une chose si commune que les misères et les disgrâces, que je m'émerveille que les hommes sensés s'en fâchent et ne s'en rient plutôt que d'en soupirer. Nous n'avons rien à propre, mais tout à louage. » Pascal n'eût pas dit autrement. La saveur puissante d'un profond sentiment moral se retrouve dans ces graves paroles comme dans celles de presque tous les grands hommes de ce temps. Cette résignation sereine, qui n'a rien de commun avec les faiblesses maladives et les découragements puérils, provient d'une appréciation hardie et lucide de la réalité. Ces hommes robustes ne pensaient pas qu'il fût utile de vivre dans un tourbillon d'erreurs ni de cacher sous des imaginations mensongères ce que la vie humaine a de douloureux et de difficile. Les lettres de Poussin portent à chaque page l'empreinte de la pensée de la mort toujours présente, mais il s'y mêle un sentiment de jeunesse qui en éloigne les terreurs. Il n'est pas rare d'y rencontrer certains mots qui ouvrent des jours inattendus sur cette grande âme. Il écrivait à M. de Chantelou : « Le pauvre M. Snelles, croyant s'en retourner jouir de la douceur de la patrie, car il n'en avait qu'une seule dont il avait été longtemps privé, n'a pas eu le bonheur de la toucher de ses pieds seulement ; à peine l'a-t-il vue de loin, et il a rendu l'esprit à Nice, en Provence, n'ayant été malade que trois jours. Et puis, qu'ai-je à faire de tant tenir compte de ma vie, qui désormais me sera plutôt fâcheuse que plaisante ? La vieillesse est désirée comme le mariage, et puis, quand on y est arrivé ; il en déplaît. Je ne laisse pas pourtant de vivre allègre le plus que je peux… »

C'est à ce retour à Rome, et par conséquent à l'année 1642, que les critiques et les biographes rapportent ce qu'ils appellent la seconde manière de Poussin. Il ne faudrait pas croire cependant qu'il se soit fait dans sa peinture une révolution considérable ; Poussin ne fit que persévérer dans la route qu'il avait suivie jusque-là. Il continua à pratiquer et à perfectionner le système large et savant qu'il avait inauguré par *la Manne* et *l'Enlèvement des Sabines*, et plus anciennement encore par la *Mort de Germanicus* et *le Frappement du rocher* ; mais, sans laisser perdre à son dessin rien de son exactitude et de sa sévérité, il l'adoucit et lui donna plus de moelleux et d'agrément. Les figures, aussi bien étudiées que par le passé, deviennent plus vivantes, les draperies ont plus d'ampleur et accusent le nu sans le serrer ; enfin, c'est de cette époque que date l'introduction presque constante de paysages importants dans ses tableaux d'histoire.

Il n'est pas impossible que les critiques passionnées auxquelles Poussin fut en butte pendant son séjour à Paris aient eu sur le développement de son génie une heureuse influence. Il n'est certainement pas de pays où l'injustice soit plus fréquente et plus extrême qu'en France, il n'y en a pas où l'on soit plus rarement au point vrai sans exagération ; mais il y a presque toujours au fond des critiques les plus envenimées par la haine une part de vérité sans laquelle les détracteurs n'auraient aucune prise sur le public. Il se peut très bien que, le premier moment de chagrin et d'humeur passé, Poussin ait démêlé sous la haine de ses ennemis le bon sens de ses juges et en ait fait son profit. Quoi qu'il en soit, les tableaux de cette époque diffèrent de ceux que Poussin fit, soit à Rome avant son voyage, soit en France, non pas absolument, mais assez pour qu'un œil exercé les reconnaisse sans guère se tromper. Un des premiers tableaux qui occupèrent Poussin dès son arrivée à Rome fut le petit *Ravissement de saint Paul* [26], que M. de Chantelou lui avait demandé pour servir de pendant à la *Vision d'Ezéchiel* de Raphaël. Cet excellent ouvrage, quoique l'arrangement des jambes de saint Paul et des anges ne soit pas parfaitement heureux, paraît avoir mis la modestie de Poussin à une bien rude épreuve. « Je crains, écrit-il, que ma main tremblante ne me manque dans un ouvrage qui doit accompagner celui de Raphael. J'ai de la peine à me résoudre à y travailler, à moins que vous ne me promettiez que mon tableau ne servira que de couverture à celui de Raphaël, ou du moins, qu'ils ne paraîtront jamais l'un auprès de l'autre, croyant que l'affection que vous avez pour moi est assez grande pour ne permettre pas que je reçoive un affront. » Il ajoutait en envoyant le tableau (2 décembre 1643) : « Je vous supplie, tant pour éviter la calomnie que la honte que j'aurais que l'on vît mon tableau en parangon de celui de Raphaël, de le tenir séparé et éloigné de ce qui pourvoit le ruiner et lui faire perdre le peu qu'il a de beauté. »

Peu de temps après la mort de Richelieu, Mazarin ayant rappelé M. de Noyers au poste qu'il occupait précédemment, celui-ci écrivit à Poussin pour l'inviter à revenir terminer la galerie du Louvre. Cette proposition plut peu à Poussin, qui répondit « qu'il ne désirait y retourner (à Paris) qu'aux conditions de son premier voyage, et non pour achever seulement la galerie, dont il pouvait bien envoyer de Rome les dessins et les modèles ; qu'il n'irait jamais à Paris pour y recevoir l'emploi d'un simple particulier, quand on lui couvrirait d'or tous ses ouvrages [27]. » Au fond, Poussin ne voulait pas quitter Rome. Peut-être s'en aperçut-on. On n'insista pas, et il resta.

Quoique les biographes n'indiquent en aucune manière à quelle époque furent achevés deux tableaux admirables, — le *Testament d'Eudamidas* et le *Massacre des Innocents*, — nous ne croyons pas beaucoup risquer en les plaçant après le retour de Poussin à Rome, vers 1645, lorsqu'il eut achevé la seconde suite des *Sacrements*. Ces deux ouvrages, qui ont pour sujets de ces actions pathétiques qu'affectionne Poussin, dans lesquelles on peut montrer d'une manière poignante le jeu des passions et des sentiments, sont traités avec une largeur, une franchise, qui reportent aux meilleurs temps de la peinture. Eudamidas, soldat de Corinthe, laisse par son testament sa femme à nourrir à l'un de ses amis, et à l'autre le soin de marier sa fille. Le moribond est couché en travers du tableau, le haut du corps découvert, dictant au notaire, qui est assis près du lit, du côté du spectateur, ses dernières intentions. Un médecin d'une tournure superbe, la main gauche sur son propre cœur, la droite sur celui du mourant, épie les derniers mouvements de la vie. La femme d'Eudamidas est assise sur le pied du lit elle a la tête appuyée sur sa main, mais elle se détourne pour ne pas laisser voir sa douleur. Sa fille, à ses pieds, s'abandonne à son désespoir. Voilà bien ce moment unique et précieux de la peinture qui surprend une action compliquée dans l'instant où ses détails ont en même temps toute leur signification. *Le Massacre des Innocents* est plus simple encore, s'il est possible ; c'est un épisode grandi jusqu'à devenir un sujet, et l'originalité de cette composition étonne et augmente l'admiration. Derrière les colonnes d'un temple, un soldat demi-nu se prépare à égorger un enfant qu'il vient d'arracher à sa mère ; il a mis le pied sur le ventre du malheureux, il lève le bras, il va frapper ; la mère s'attache à lui, le retient ; on voit qu'elle l'a supplié longtemps, qu'elle lui a disputé son fils ; elle n'a plus d'espoir, mais elle jette par un dernier effort son bras devant l'arme meurtrière. Sur le second plan, une autre femme s'enfuit. Il est impossible d'exprimer le saisissement que produit ce tableau, ce qui tient sans doute à ce qu'il est dans les plus vraies et les meilleures voies de la peinture. Nous nous méfierons toujours des tableaux ou des statues qui peuvent se raconter sans perdre toute leur valeur.

Poussin excelle dans la représentation des scènes énergiques, qui permettent et demandent des expressions fortes et des pantomimes passionnées : il réussit également dans les sujets gracieux, qui peuvent s'exprimer par l'arrangement élégant des groupes, par les poses ou les gestes des personnages ; mais il est beaucoup moins heureux lorsqu'il s'agit de représenter le visage humain pour lui-même, et ne tirant ses ressources que de sa propre beauté. C'est ainsi que ses madones, bien que quelques-unes d'entre elles soient admirables, manquent non-seulement de cette beauté mystique que la peinture donne ordinairement à la Vierge, mais même de la beauté naturelle d'une jeune femme, de l'expression touchante d'une jeune mère. Ce sentiment vif et constant de la beauté de la figure humaine, ce sentiment qu'eurent à un si haut degré Raphaël et les Florentins, manque presque toujours à Poussin. Les visages de ses personnages ne sont absolument beaux que lorsqu'ils sont assez secondaires pour qu'il puisse leur prêter les traits immobiles et même les ressemblances des statues. L'obligation de donner à ses figures principales des traits expressifs l'a conduit aux plus grandes beautés dans les sujets énergiques, et à des types ou insignifiants ou voisins de la laideur dans ses tableaux de sentiment. Nous ne prendrons pour exemple que ce charmant et poétique tableau des *Jeunes filles à la fontaine*. Sur le premier plan, Éliézer (et qu'il nous soit permis de remarquer en passant combien ce type, qui reparaît dans plusieurs ouvrages de Poussin, notamment dans le Booz de *l'Eté*, est malheureux), Éliézer, disons-nous, offre des présents à Rébecca, qu'il a trouvée au milieu de ses compagnes, occupées à puiser de l'eau. Il est évident que les traits de Rebecca doivent exprimer à la fois le trouble de la pudeur, la modestie, et aussi le vif plaisir qu'elle éprouve. Et bien ? ces sentiments, qui se trouvent les uns et les autres sur le visage de la jeune fille, sont bien loin de produire l'effet gracieux qu'on en pourrait attendre. Ils semblent décomposés, mis l'un à côté de l'autre ; ils ne naissent pas sur ce visage intimement unis et modifiés les uns par les autres, mais ils semblent se heurter sur un masque indifférent. Il est vrai que la pose charmante de Rébecca et la grâce de toute sa personne parlent mieux que ne le sauraient faire les traits les plus heureux, et nous nous sentons presque honteux de critiquer une semblable merveille.

Ce tableau est, du reste, l'un des plus populaires de Poussin. C'est dans ce bel ouvrage, ainsi que dans *la Manne* et *la Femme adultère*, qu'il faut étudier l'étendue de sa science et la sûreté de son goût. Il est fâcheux que ce tableau ait poussé au noir ; les couleurs des vêtements, qui avaient, comme l'atteste la description qu'en donne Félibien, beaucoup de variété et d'éclat, ont tellement changé, qu'on peut à peine les distinguer aujourd'hui. L'usage pernicieux, mis à la mode par les peintres bolonais, de mettre sur les toiles des préparations rouges ou foncées eut sur les ouvrages de Poussin une influence déplorable, et a certainement causé souvent ces disparates qui nous choquent dans plusieurs des plus beaux ouvrages de ce grand maître. Le Guerchin et les Carrache pouvaient se servir sans danger de ces toiles sombres ; la puissance de leurs empâtements rendait vaine l'action que les oxydes des dessous pouvaient avoir sur les couleurs. Poussin peignait sans empâter, avec des couleurs légères et très étendues, et les préparations foncées ont tellement agi sur les parties les plus délicates de quelques-uns de ses tableaux, qu'ils en sont devenus méconnaissables. Nous ne citerons que le *Moise foulant aux pieds la couronne de Pharaon* [28] et *les Enchanteurs de Pharaon dont les verges sont changées en serpents.*

Poussin s'est cependant bien gardé d'employer toujours et pour tous les sujets des toiles foncées. Il raisonnait pour cela comme pour toutes choses, prenant des toiles blanches dans l'occasion ; comme des couleurs brillantes lorsqu'elles convenaient à son sujet. *Le Frappement du rocher*, le *Ravissement de saint Paul* du Louvre, la *Scène du Décaméron* du palais Colonne, et les deux belles *Bacchanales* de la galerie nationale de Londres [29], nous prouvent évidemment que Poussin employa les préparations claires pour toutes sortes de sujets et à toutes les époques de sa vie.

La Femme adultère est probablement un des derniers tableaux très importants et entièrement historiques qu'ait faits Poussin. C'est aussi un de ses chefs-d'œuvre. Nous n'en parlons que pour en marquer la place, persuadé que nous sommes que ce bel ouvrage est dans toutes les mémoires. On a reproché à la figure du Christ son caractère un peu commun : le corps est trop court, défaut que Poussin a rarement évité dans les ouvrages de sa vieillesse. Cette imagination dramatique a indiqué par un personnage du second plan un contraste qui achève de donner au tableau sa signification morale : c'est une jeune femme qui, en voyant l'humiliation et le désespoir de la pécheresse, presse tendrement son enfant contre son cœur.

Section IV

La valeur de Poussin comme paysagiste n'a jamais été contesté : Nous n'avons donc pas à l'établir, mais à la définir et à l'expliquer. On dit assez généralement que le sentiment de la nature est né au XVIIIe siècle, avec Rousseau ; mais on oublie que la littérature n'est pas l'organe unique de ce sentiment, qu'elle n'en est même pas l'organe naturel et principal, et qu'elle ne l'exprime qu'à l'aide de figures très hardies, qui ne lui appartiennent pas en propre, et qu'elle emprunte aux souvenirs de la peinture. Ce qui est vrai, c'est que ce sentiment profond de la nature, qui la tient pour une réalité ne tirant sa signification que d'elle-même ; est tout moderne. La peinture le doit à Poussin, la littérature à Rousseau.

Les Grecs mêmes, qui, en fait de beauté, ont tout connu, sont restés presque étrangers à ce sentiment, et, si on voulait en trouver l'origine antique, il faudrait la chercher dans l'Inde plutôt que dans la Grèce. Le panthéisme revêt la nature de toute la valeur qu'elle ôte aux individus ; l'homme se dépouille volontiers pour enrichir cette mère qu'il adore ; il s'abîme dans la contemplation en attendant qu'il s'anéantisse dans la substance de cette divinité superbe et terrible. L'anthropomorphisme grec, au contraire, appauvrit plutôt la nature pour en enrichir l'homme. La Grèce, idolâtre de la beauté, ne prend qu'une chose dans la nature la plus belle, la forme humaine ; elle la divinise et laisse tomber le reste, comme un lange désormais inutile à son enfant devenu dieu. Il faut ajouter cependant que, si cet amour passionné de la nature qui caractérise les siècles modernes ne se retrouve pas chez les Grecs anciens, il n'est pas non plus absolument étranger à ces admirables organisations. Platon en fournirait de nombreux exemples, et il est impossible de lire le chœur, d'*OEdipe à Colone* : « Étranger, te voici dans le séjour le plus délicieux de l'Attique, etc., » ou le commencement de *Phèdre*, sans se sentir transporté dans la sphère désintéressée dont nous parlons.

Il est une autre manière d'admirer ou d'aimer la nature, beaucoup plus commune, beaucoup plus accessible au grand nombre, dont nous ne nions nullement la légitimité, mais que nous séparerons nettement de la première. À côté, au-dessous de ce sentiment profond, passionné, peu soucieux de conduire au plaisir, religieux puisqu'il n'a rien d'égoïste, s'en trouve un autre préoccupé avant tout de volupté, de plaisir, d'agrément. La nature sert à l'amour ; là est son prix : Galatée s'enfuit sous les saules, et leur léger ombrage n'est qu'un voile irritant pour sa beauté. Cette muse facile qui s'endort au murmure des fontaines et couronne de roses brillantes sa coupe pleine de toutes les ivresses, cette muse inspire souvent Théocrite, Horace, Virgile. Elle a exercé un empire aussi puissant sur les peintres que sur les poètes, et l'on pourrait suivre dans toutes les écoles cette trace voluptueuse qui a peut-être trouvé dans notre Watteau son représentant le plus distingué.

L'amour de la nature, tel que Poussin l'a connu et traduit, se distingue du panthéisme de l'Inde, aussi bien que du poétique matérialisme de la Grèce. Son œuvre est sévère d'un bout à l'autre, et, quoi qu'il ait souvent représenté dans ses tableaux les scènes les plus libres de la mythologie et des poètes anciens, la hauteur du style l'a toujours sauvé de la licence. Les personnages de ses paysages augment ordinairement le sentiment mélancolique que nous fait éprouver la nature. Cette nature, qui nous jette dans une douloureuse rêverie, est pleine de beauté, toujours jeune, toujours bienfaisante ; mais elle est silencieuse, et la contemplation de ses merveilles, nous arrachant à notre vie fiévreuse et hâtée, au tourbillon qui nous aveugle et nous entraîne, remplit nos cœurs d'un sentiment mêlé d'angoisse et d'un bonheur délicieux. Il est possible que la vue de l'immortelle jeunesse de la nature, que nous comparons, sans en avoir conscience, à la durée fugitive de notre propre existence, soit l'une des causes de l'émotion qu'elle nous fait éprouver ; il se peut aussi qu'elle possède des forces mal définies qui correspondent à des organes mystérieux de notre être ; mais il est impossible d'expliquer, par une cause uniquement physique, matérielle, brutale, l'impression poignante que font sur notre esprit certains paysages. N'est-ce pas ce sentiment qu'éprouvait Télémaque, et que Fénelon exprime dans de si éloquentes paroles ? « Il se sentait ému et embrasé ; je ne sais quoi de divin semblait fondre son cœur au dedans de lui. Ce qu'il portait dans la partie la plus intime de lui-même le consumait secrètement ; il ne pouvait ni le contenir, ni le supporter, ni résister à une si violente impression ; c était un sentiment vif et délicieux qui était mêlé d'un tourment capable d'arracher la vie. »

Les préoccupations graves de l'esprit de Poussin paraissent dans ses paroles comme dans ses tableaux. « Un jour, dit Félibien, qu'il se promenait dans la campagne de Rome avec un étranger, celui-ci lui demanda quelque antiquité pour garder en souvenir. Poussin se baissa, ramassa dans l'herbe une poignée de terre mêlée de morceau de porphyre et de marbre, et, la lui donnant : Emportez cela, seigneur, pour votre cabinet, et dites : Voilà Rome ancienne. » C'est bien le même homme qui s'écriait : « Nous n'avons rien en propre, mais tout à louage ! » Il n'est pas sans intérêt de remarquer que chez Poussin, comme chez Rousseau, le sentiment de la nature se développe avec l'âge. La politique, l'histoire, les mœurs remplissent les premiers ouvrages de Rousseau. La nature ne paraît pas, si nous ne nous trompons avant *la Nouvelle Héloïse*, et elle y est subordonnée à la passion ; mais on voit bientôt ce sentiment se développer et devenir le texte d'ouvrages admirables, *les Confessions*, les *Lettres à M. de Malesherbes*, les *Rêveries d'un promeneur solitaire*. Chez Poussin, la gradation est moins régulière, mais le chemin que fait son esprit est le même. D'abord la nature ne paraît qu'au même titre que l'architecture ; elle sert de fond, elle est le lieu de la scène, lieu quelquefois très important comme dans *la Manne*, *les Jeunes Filles à la fontaine*, ou *les Aveugles de Jéricho*, mais toujours subordonné. Plus tard, elle grandit jusqu'il balancer en importance les personnages, et enfin jusqu'à servir de thème propre à d'incomparables ouvrages.

Les principaux peintres italiens, qui furent presque tous, à des degrés divers, de grands paysagistes, ne se sont cependant servis de la nature que pour les fonds de leurs tableaux. Les quelques paysages qu'ils nous ont laissés peuvent passer pour des jeux de leurs pinceaux ou tout au moins pour des exceptions. Poussin, bien au contraire, est aussi grand paysagiste que peintre d'histoire. Il a même dans le paysage une supériorité plus éclatante, et il domine d'une telle hauteur tous ses rivaux, qu'il est impossible de les lui comparer.

Les paysages de Poussin sont très nombreux. Cependant il faut regarder comme apocryphes un grand nombre d'œuvres que l'on voit sous son nom dans les musées et dans les collections particulières. Les plus célèbres sont les *Quatre Saisons* que le Louvre a le bonheur de posséder, et les huits grands paysages gravés en collection, parmi lesquels on trouve le *Diogène*, la *Mort de Phocion*, le *Polyphène* de Madrid et l'admirable *Campagne d'Athènes* de la galerie nationale de Londres [30].

Les Saisons, dans les quatre tableaux qui portent ce nom, sont indiquées par des épisodes tirés de l'Ancien Testament : *le Printemps* par Adam et Eve dans le jardin d'Eden, *l'Eté* par Ruth et Bozz, *l'Automne* par les deux Hébreux emportant la grappe de raisin de la terre promise, enfin *l'Hiver* par le déluge. Ce tableau est une des conceptions lis plus dramatiques que nous connaissions. Ce ciel obscur, ces rochers humides et verdâtres, ces eaux lourdes et troublées ; les expressions de ces deux hommes sur le premier plan, qui se cramponnent l'un à une planche, l'autre à la tête d'un cheval ; la désolation de cette mère qui tente un effort suprême pour sauver son enfant ; les cris, les supplications de deux personnages dont le bateau chavire et qui vont périr ; tous ces épisodes mettent devant les yeux ces spectateurs cette scène terrible avec une effroyable réalité. *L'Eté* est une charmante idylle. L'action n'est presque rien : quelques moissonneurs dans les blés ; sur le premier plan, Booz permet à Ruth de glaner dans son champ ; plus loin, quelques jeunes filles, aussi blondes que les épis qu'elles coupent ; la vie et la gaieté d'un beau jour de moisson ! Ce tableau a noirci, et il faut consulter, pour le bien juger, la belle gravure de Pesne. *L'Automne* est un des ouvrages les plus admirés de Poussin pour la grande ordonnance des plans, la simplicité des lignes, l'excellente qualité de la couleur. Nous lui préférons cependant le paysage paisible et superbe du *Printemps*, à l'exception, toutefois des personnages, qui ne nous paraissent pas heureux. Cette grande nature respire une paix, une fraîcheur ne innocence inexprimables [31].

Le *Diogène* du musée du Louvre [32] ne le cède aux précédents ni par la largeur du dessin ; ni par le choix des formes et le charme de l'arrangement ; il les surpasse par une perspective, toujours admirable chez Poussin, mais véritablement merveilleuse dans ce dernier ouvrage. On peut voir aussi dans ce tableau avec quel soin Poussin traitait ses premiers plans et quelle consciencieuse attention il apportait jusque dans les moindres détails. Il répondit un jour à une personne qui lui demandait comment il était parvenu à cet étonnant degré de perfection : « Je n'ai rien négligé. » - « J'ai souvent admiré, dit Buonaventure d'Argonne, le soin qu'il prenait pour la perfection de son art. À l'âge où il était, je l'ai rencontré parmi les débris de l'ancienne Rome et quelquefois dans la campagne et sur les bords du Tibre, dessinant ce qu'il remarquait le plus à son goût. Je l'ai vu aussi qui ramassait des cailloux, de la mousse, des fleurs et d'autres objets semblables, qu'il voulait peindre exactement d'après nature. »

Si le fait d'être sans rivaux était le signe de la plus haute supériorité, le paysagiste : dominerait, chez Poussin, le peintre d'histoire ; car ni Titien (qui est si grand paysagiste quelquefois), ni les Hollandais, ni même Claude Lorrain, ne peuvent lui être sérieusement comparés ; mais la question ne doit pas se poser ainsi. Le génie de Poussin peintre d'histoire a été traversé par des circonstances contraires que nous ayons expliquées, et qui l'ont fait plus d'une fois dévier de la route véritable, qui était aussi sa pente naturelle. Le paysagiste n'a rien eu à combattre. Il avait sous les yeux une nature superbe, et il n'a rien reçu de son temps que les des grands maîtres du XVIe siècle italien. Quoi qu'il en soit, et comme paysagiste seulement, Poussin est encore, et nous craignons qu'il ne soit toujours, sans rivaux.

Section V

Poussin mourut à Rome le 19 novembre 1665, âgé de soixante-onze ans et cinq mois. Il avait passé hors de son pays la plus grande moitié de cette longue vie ; il vit tomber l'un après l'autre tous les amis qu'il s'était faits sur cette terre étrangère, et grandir l'isolement autour de lui. Le chevalier del Pozzo, qui l'avait aimé et patronné pendant trente-sept ans, était mort en 1657. Cette perte cruelle fit entrer Poussin dans l'irrévocable période de la vieillesse. Les infirmités qu'il avait supportées jusque-là avec une vigueur juvénile commencent à l'abattre, et ses lettres prennent une teinte de tristesse continue qu'elles n'avaient pas auparavant, mais elles témoignent aussi du calme et du courage qu'il conserva dans son isolement jusqu'à la fin. Il se plaint de ce que sa main

« débile et tremblante » ne veut plus obéir à sa pensée. « Si la main voulait obéir, écrit-il à M. de Chantelou, je pourrais ; je crois la conduire mieux que jamais ; mais je n'ai que trop l'occasion de dire ce que Thémistocle disait en soupirant sur la fin de sa vie, que l'homme décline et s'en va lorsqu'il est prêt à bien faire. Je ne perds pas courage pour cela, car, tant que la tête se portera bien, quoique la servante soit débile, il faudra que celle-ci observe les plus excellentes parties de l'une, qui sont du domaine de l'autre [33]. »
Il écrivait encore : « On dit que le cygne chante plus doucement lorsqu'il est voisin de la mort ; je tâcherai, à son imitation, de faire mieux que jamais : c'est peut-être le dernier ouvrage que je ferai pour vous [34]. »

Les derniers tableaux de Poussin, ceux qu'il acheva de 1657 à 1664, bien que l'effort s'y laisse quelquefois apercevoir, démontrent que ce grand génie conserva non-seulement sa lucidité et sa puissance, mais son activité jusqu'au bout. En 1663, il perdit sa femme, sa compagne dévouée de trente années, et cette date marque le dernier terme de sa vie d'artiste, car depuis lors il ne fit plus que traîner dans le chagrin et les infirmités un misérable reste d'existence. Et cependant, avec quelle admiration et quel contentement ne retrouve-t-on pas cette grande âme digne d'elle et intacte dans ce corps souffrant et délabré ! Nous citons, pour en témoigner, la lettre si noble et si touchante ; en quelque sorte son testament, qu'il adressa peu de temps avant sa mort à M. de Chantelou : « Je vous prie de ne pas vous étonner s'il y a tant de temps que j'ai eu l'honneur de vous donner de mes nouvelles. Quand vous connaîtrez la cause de mon silence, non-seulement vous m'excuserez, mais vous aurez compassion de mes misères : Après avoir, pendant neuf mois, gardé dans son lit ma bonne femme, malade d'une toux et d'une fièvre d'étisie qui l'ont consumée jusqu'aux os, je viens de la perdre. Quand j'avais le plus besoin de son secours, sa mort me laisse seul, chargé d'années, paralytique, plein d'infirmités de toutes sortes, étranger et sans amis, car en cette, ville il ne s'en trouve point. Voilà l'état auquel je suis réduit ; vous pouvez vous imaginer combien il est affligeant. On, me prêche la patience, qui est, dit-on, le remède à tous maux je la prends comme une médecine qui ne coûte guère, mais aussi qui ne guérit de rien. Me voyant dans un semblable état, lequel ne peut durer longtemps, j'ai voulu me disposer au départ.

J'ai fait, pour cet effet, un peu de testament, par lequel je laisse plus de 10,000 écus de ce pays à mes pauvres parents, qui habitent aux Andelys. Ce sont gens grossiers et ignorants, qui, ayant après ma mort à recevoir cette somme, auront grand besoin du secours et de l'aide d'une personne honnête et charitable. Dans cette nécessité, je viens vous supplier de leur prêter la main de les conseiller et de les prendre sous votre protection, afin qu'ils ne soient pas trompés ou volés. Ils vous en viendront humblement requérir, et je m'assure, d'après l'expérience que j'ai de votre bonté, que vous ferez volontiers pour eux ce que vous avez fait pour votre pauvre Poussin pendant l'espace de vingt-cinq ans. J'ai si grande difficulté à écrire, à cause du tremblement de ma main, que je n'écris point présentement à M. de Chambrai [35], que j'honore comme il le mérite, et que je prie de tout mon cœur de m'excuser. Il me faut huit jours pour écrire une méchante lettre, peu à peu, deux ou trois lignes à la fois, et le morceau à la bouche ; Lors de ce temps-là, qui dure fort peu, la débilité de mon estomac est telle qu'il m'est impossible d'écrire quelque chose qui se puisse lire [36]. »

Poussin n'avait pas d'enfants. Cette dernière année qu'il passa à pleurer sa femme avant de mourir lui-même dut être remplie d'une bien terrible amertume. Le foyer était désert, les rêves envolés ! Une vie noble, bien remplie, et ce grand cœur qui fut le trait distinctif de Poussin, ne dispensent personne de ces terribles réalités de la douleur. Non-seulement Poussin n'avait pas d'enfants, mais, ses derniers amis étant tous morts avant lui, il demeurait absolument seul dans cette Rome pleine de tombeaux. Après avoir, pendant son séjour en France, tant désiré d'y revenir et de la revoir, il la nommait maintenant « cette ville où il n'y a pas d'amis. » Il se ressouvenait, avec des regrets, de la patrie, que l'on peut abandonner pendant la jeunesse, mais dans laquelle il faut retourner pour mourir.

Nous pommons trois portraits de Poussin. L'un d'eux, le meilleur, celui qu'il fit en 1650 pour M. de Chantelou, est au Louvre ; les autres n'en sont que la répétition [37]. Ce portrait, que M. de Chantelou attendit pendant des années, devait d'abord être fait par Mignard ; il est curieux de voir les raisons qui ont engagé Poussin à s'exécuter (quoiqu'il n'ait pas fait de portraits depuis vingt-cinq ans, écrit-il) et à le faire lui-même. « J'aurais déjà fait faire mon portrait pour vous l'envoyer, comme vous désirez, mais il me fâche de dépenser une dizaine de pistoles pour une tête de la façon de M. Mignard, qui est celui qui les fait le mieux, quoi qu'elles soient froides, fardées, sans force et sans vigueur. » On dirait ce jugement écrit d'aujourd'hui.

Poussin s'est représenté assis dans l'ombre, drapé d'un manteau noir à larges plis, la main appuyée sur un petit portefeuille à esquisses ; ses yeux sont noirs, pleins de feu et profondément enfoncés sous des sourcils épais ; le nez est aquilin et massif ; la bouche, quoique trop grande, est belle, la moustache rare. Ses cheveux, longs, noirs et abondants, sont partagés sur le milieu de la tête par une ligne qui descend jusque sur le front. Ce front porte entre les sourcils ces rides « qui appartiennent exclusivement, dit Lavater, à des gens d'une haute capacité, qui pensent sainement et noblement. » La tête est très belle, intelligente et puissante, telle qu'on en rencontre un grand nombre dans ce temps. Poussin est de la famille des Corneille, des Descartes, des Pascal, et il porte cette parenté sur son visage.

L'œuvre de Poussin est immense. Nous avons catalogué plus de deux cents tableaux de sa main, et on sait qu'il ne se faisait jamais aider par personne. Il travaillait très vite et régulièrement, occupent ses soirées à dessiner et à composer, et peignant, après sa promenade du matin, sans interruption jusqu'à la nuit. Il trouvait cependant moyen d'interrompre ce labeur incessant pour soigner les affaires que ses amis de France avaient à Rome. Il leur faisait copier des tableaux et leur achetait des vases, des bustes antiques, et jusqu'à des gants et des cordes de guitare. L'amitié de M. de Chantelou lui avait valu beaucoup de connaissances qui lui demandaient des tableaux, et entre elles Scarron, qu'on ne s'attend guère à trouver là. Poussin fit pour lui un *Ravissement de saint Paul* et peut-être deux ou trois autres tableaux. Il en fut mal récompensé, car Scarron prit ce prétexte pour lui envoyer ses *vilains livres*, ce qui désolait, plus que de raison, cette noble nature. « J'ai reçu du maître de la poste de France un livre ridicule de facéties de M. Scarron, sans lettres et sans savoir qui me l'envoie. J'ai parcouru ce livre une seule fois, et c'est pour toujours : vous trouverez bon que je ne vous exprime pas tout le dégoût que j'ai pour de pareils ouvrages... J'avais déjà écrit à M. Scarron en réponse à la lettre que j'avais reçue de lui avec son *Typhon burlesque* ; mais celle que je viens de recevoir me met dans une nouvelle peine. Je voudrais bien que l'envie qui lui est venue lui fût passée et qu'il ne goûtât pas plus ma peinture que je ne goûte son burlesque. Je suis marri de la peine qu'il a prise de m'envoyer son ouvrage ; mais ce qui me fâche davantage, c'est qu'il me menace d'un sien *Virgile travesti* et d'une épître qu'il m'a destinée dans le premier livre qu'il imprimera. Il prétend me faire rire d'aussi bon cœur qu'il rit lui-même, tout estropié qu'il est ; mais, au contraire je suis prêt à pleurer quand je pense qu'un nouvel Erostrate se trouve dans notre pays. » On s'étonne un peu d'entendre appeler Erostrate ce boiteux grimaçant dont Louis XIV devait hériter. Au reste, Scarron aimait la peinture ; il l'avait cultivée dans sa jeunesse. Il fît, des 1634, à Rome la connaissance de Poussin. Leur liaison ne paraît cependant pas avoir été fort intime, car ce n'est qu'après beaucoup d'hésitations et sur les recommandations très pressantes et très réitérées de M. de Chantelou que Poussin se décida à travailler pour lui.

On ne peut pas dire que Poussin ait fait école, mais il est resté l'un des deux ou trois maîtres les plus fructueusement étudiés et les plus admirés des artistes et des gens de goût. Ses seuls élèves directs furent les deux Dughet [38] et Sébastien Bourdon. Dughet le paysagiste est un très grand peinte, mais il porte un nom redoutable qui lui a été fatal. Nous avons laissé l'Angleterre accaparer ses meilleurs ouvrages, et nous n'en possédons presque plus d'importants. Quand à Sébastien Bourdon, on n'a qu'à parcourir son œuvre gravé pour se convaincre que les leçons de Poussins ne furent pas vaines. Les ouvrages de cet homme étonnant, qui imitait à la fois Poussin et Salvator Rosa, sont extrêmement inégaux, mais on y rencontre des beautés de premier ordre.

Poussin n'a pas composé d'ouvrage sur la théorie de la peinture, comme on l'a cru et dit de son temps et plus tard. Jean Dughet, auquel M. de Chantelou écrivit en 1666 pour savoir la vérité à ce sujet, lui répondit « Vous m'écrivez que M. Cerisiers [39] vous a dit avoir vu un livre fait par M. Poussin, lequel traite de la lumière et des ombres, des couleurs et des proportions il n'y a rien de vrai dans tout cela. Cependant il est constant que j'ai entre les mains certains manuscrits qui traitent des lumières et des ombres mais ils ne sont pas de M. Poussin, ce sont des passages extraits par moi, d'après son ordre, d'un ouvrage original que le cardinal Barberini possède dans sa bibliothèque ; l'auteur de cet ouvrage est le père Matteo, maître de perspective du Dominiquin, et il y a bien des années que M. Poussin m'en fit copier une bonne partie avant que nous allassions à Paris, comme il me fit copier aussi quelques règles de Vitellione ; voilà ce qui a fait croire à beaucoup de personnes que M. Poussin en était l'auteur. »

On se demande ce qui manqua à cet étonnant génie, à ce légitime héritier de Raphaël, pour tenir, sans contestation, le rang que lui assigne un si prodigieux ensemble d'ouvrages admirables. Rien, sans doute, que d'être né un siècle plus tôt : Au XVIIe siècle, la tradition des grands maîtres italiens était déjà perdue. Poussin, au lieu de s'abandonner au courant naturel et tout-puissant de son art, dut s'adresser à la science, discuter, se refroidir. De là ce quelque chose de tendu, de voulu, de cherché, qui le met souvent en hostilité avec le principe fondamental des beaux-arts, et qui rappelle qu'il appartient à une époque plus scientifique que poétique. De là aussi ces oscillations fréquentes entre la sculpture et la littérature, empruntant à l'une, avec la beauté des formes, le caractère trop abstrait des figures, à l'autre sa liberté, mais en même temps quelque chose d'analytique, de descriptif, tout-à-fait contraire à la véritable notion de la peinture. Les arts se sont partagé le champ de l'idéal, leurs limites sont positives et naturelles, ils ne doivent pas les franchir. Ces limites ne sont pas un esclavage, mais une force, et c'est un entraînement fatal qui pousse à les dépasser. La sculpture exprime les modifications générales que les sentiments font éprouver à la forme humaine ; mais il faut, pour que ces modifications soient de son domaine, que des gestes précis, des poses significatives ; une contraction bien visible des traits, accusent très nettement le but que l'artiste s'est proposé et qu'il doit atteindre sans recourir aux mille ressources de la peinture. S'il s'agit d'une action, il faut qu'elle soit simple, imitée à un plan, puisque la perspective aérienne est seule capable de montrer l'étendue en profondeur, telle enfin que le relief puisse l'expliquer sans le secours des expressions les plus délicates, des traits et sans les ressources de la couleur. En général, les sentiments déliés, les affections provenant d'une cause morale, et qu'un geste large et simple ou même une attitude ne suffisent pas à expliquer, dépassent des moyens de la sculpture. Il faut donc renoncer à faire exprimer au marbre les nuances et les délicatesses les plus exquises de la pensée. Le sculpteur devra veiller également à ce qu'une passion violente n'agisse jamais sur le corps humain de manière à le déformer. La douleur produira l'accablement, mais non pas ces gestes brisés, cette bouche ouverte par des cris qu'on n'entend pas, ces contorsions du désespoir ; gestes, contorsions qui, commentés par des yeux creux et glacés, exciteraient en nous l'horreur plutôt que la pitié.

La peinture a des ressources infinies qui lui sont propres. Les épisodes, les attributs, les personnages et les actions secondaires, la perspective des objets, les modifications les plus fugitives des traits, sont les mots d'une langue nouvelle chargée de révéler mille choses qui échappent à la sculpture. Le peintre a même la liberté de prolonger le moment de l'action ; la scène se déroule sous son pinceau avec plus d'aisance et de largeur ; il transporte le spectateur, au moyen des portions secondaires du tableau, hors du strict moment de l'action, dans l'avenir et dans le passé. La scène que l'on a sous les yeux a pour ainsi dire un prologue et un épilogue qui l'agrandissent et la complètent. Ce n'est pas encore la liberté de la poésie, ce n'est pas encore l'idée vue sans voiles et face à face comme elle peut l'être dans la langue, et on pourrait soutenir cependant que la peinture est le mieux partagé de tous les arts, car à la grande liberté qu'il tient de la poésie il joint la certitude que donne le témoignage des sens. Cette réalité tangible n'est pas à dédaigner, car nous avons au-dedans de nous non seulement un peu de Montaigne, comme on l'a dit, mais aussi un peu de Thomas, qui ne croit que lorsqu'il peut voir et toucher.

Il faut que cet entraînement qui pousse les artistes à passer d'une sphère dans une autre soit bien fort et bien naturel pour que nous lui-même y ait cédé à plusieurs époques de sa vie et dans quelques, uns de ses ouvrages les plus importants. Du reste, bien loin de s'en étonner, on doit admirer la puissance de son originalité et la sûreté de son goût, qui lui ont permis de résister autant qu'il l'a fait aux courants mauvais et contraires qui sillonnaient alors l'Italie. On ne se dit pas assez combien c'est un grand malheur de venir lorsque la tradition n'existe plus et que l'enseignement qu'elle donnait si abondamment est fermé. Au lieu d'être aidé par toutes choses, il faut se défier de tout et quelquefois tout combattre ; il faut user, à retrouver péniblement ce que nous aurions appris vingt ans plus tôt en même temps que la parole, des forces qui devraient servir à nous élever. Ce fruit de la science n'a d'ailleurs jamais ni la beauté, ni la saveur, ni la vertu de ceux qui mûrissent au soleil fécond de la nature. Dieu nous garde de vouloir affaiblir en rien l'importance de la valeur individuelle et la puissance de la volonté ; mais il faut bien avouer que ni l'une ni l'autre ne sont capables de faire un de ces hommes si grands qu'ils ne méritent pas le moindre reproche et qu'on s'incline devant eux sans songer à les critiquer. Lorsque le flot naturel ne porte plus, le plus grand talent est entraîné par les systèmes, et, s'il est assez robuste pour leur résister ; il contracte dans la lutte une habitude de raideur qui devient elle-même un défaut. Il y a une puissance du ciel qui donne le génie et qui marque ses élus d'un tel sceau qu'il est impossible de les méconnaître ; mais il y a une puissance des choses qui obscurcit déplorablement la marque divine, contre laquelle on peut lutter jusqu'à n'être pas vaincu, mais sans pouvoir espérer d'être jamais absolument vainqueur.

Notes

1. L'opinion de Félibien sur la noblesse de la famille de Poussin a été suivie par tous les biographes de ce peintre. Une phrase d'une lettre à M. de Chantelou nous semble jeter quelques doutes sur la question. Poussin dit, en parlant de ses parents, qu'il recommande à son protecteur : « Ce sont gens pauvres et ignorants qui auront besoin de cotre secours, etc. » (Corr., p. 341. Didot.) Plus loin, p. 149, il nomme un sien neveu « ce rustique personnage ignorant et sans cervelle. » Il faut pourtant remarquer que l'ignorance était loin d'être au XVIIe siècle le partage exclusif de la roture.

2. Voyez la Biographie universelle de Michaud. Les travaux critiques et biographies sur Poussin sont nombreux et en général très insignifiants. Les plus importuns sans contredit, et pour mieux dire ceux dont on a tout tiré, sont : Félibien, Entretins sur la vie des peintres ; Bellori, Vite di Pittori, et surtout la Correspondance complète de Poussin, publiée en 1824. Nous ne citerons que pour mémoire la Vie du Poussin par Castellan (1811), la notice donnée

par de Piles dans l'Abrégé de Vie des Peintres, les Mémoires sur la Vie de Poussin de Maria Grabam, et l'Essai sur la Vie et les Tableaux de Poussin par Cambry. Parmi ces ouvrages ; les uns sont de simples résumés biographiques, les autres des études qui s'adressent spécialement aux artistes.

3. Félibien, Entretiens, etc., IV, p. 242.

4. On peut consulter sur ce sujet, et en général sur l'état de la peinture en France a cette époque, l'excellent travail de M. Vitet sur Lesueur. Voyez la Revue des Deux Mondes du 1er juillet 1841.

5. Des renseignements qui nous ont été fournis avec infiniment d'obligeance par MM. Dusommerard et Duban nous portent à croire que ces tableaux, non-seulement ne sont plus dans l'église des capucins, mais qu'ils ne sont pas même à Blois, et qu'il faut les regarder comme perdus.

6. nous remarquons une fois pour toutes, que Félibien et Bellori, qui nous ont conservé la plupart de ces détails, ne donnent point de dates, et que les indications chronologiques manquent de 1612 à 1623.

7. L'auteur de l'article de la Biographie universelle de Michaud a commis une erreur en disant que le cavalier Marin fit la connaissance de Poussin après avoir vu ses tableaux commandés par les jésuites. Ces tableaux sont de 1623, et le cavalier Marin retourna à Rome en 1622.

8. Ce tableau avait été commandé à Poussin par la corporation des orfèvres, qui était dans l'usage d'offrir, tous les ans un tableau à l'église métropolitaine de Paris.

9. Il nous reste pourtant un tableau qui pourrait bien être antérieur au premier voyage de Rome. C'est la Sainte Cécile du musée de Montpellier. Cet ouvrage, d'ailleurs très authentique et remarquable, a quelque chose de presque gothique qui sent plus Jean Cousin que Raphaël.

10. C'est le tableau gravé par Morghen. Il est maintenant chez M. Forcade à Marseille, venant de la galerie Fesch.

11. Par le cardinal Barberini, dans la famille duquel il est encore.

12. Cette admirable suite des Sacrements, si connue par la

gravure, se trouve chez le duc de Ruthland, venant de la collection Bocca Paduli, où elle était encore à la fin du siècle dernier. La seconde suite, plus belle encore à notre avis, peinte plus tard pour M. de Chantelou, est maintenant chez lord Ellesmere (ancienne galerie Stafford), avec le Frappement du Rocher. Ces tableaux viennent de la galerie d'Orléans.

13. Correspondance, Didot, 353. Le tableau est de 1637 ou 38.

14. Louis XIII au sieur Poussin. Correspondance, p. 4.

15. Jean Cousin vivait encore en 1589. On ignore l'époque précise de sa mort.

16. Vouet mourut en 1641, suivant Félibien. Il nous parait probable que ce ne fut que plus tard, peut-être seulement en 1648.

17. Félibien, IV, 27.

18. Félibien, IV, 28. Le texte de ce brevet ne laisse pas que d'être fort embarrassant. Le titre de premier peintre du roi y est donné à Poussin de la manière la plus positive. Ce brevet est du 2 mars 1641. Or Vouet (d'après les biographes) n'est mort qu'en juin de la même année. Si cette date de la mort était exacte, la contradiction s'expliquerait encore, car, déjà malade, il aurait pu donner sa démission ou être remplacé ; mais l'explication devient plus difficile, si, comme le dit Félibien, il se maria en 1640 et eut trois enfants de ce mariage.

19. Correspondance, p. 55.

20. Fouquières est né à Anvers et a longtemps travaillé à Bruxelles.

21. Au chevalier del Pozzo. Correspondance, p. 64.

22. Voyez Félibien, IV, 41.

23. Correspondance, p. 217.

24. Le Testament d'Eudamidas, passe, nous ne savons pourquoi, pour postérieur aux Sacrements. Il nous paraît au contraire le premier jet plus simple et plus puissant de l'Extrême-Onction. C'est évidemment la même composition réduite à ses premiers éléments. Du reste, les documents manquent absolument sur ce tableau, qui n'existe plus.

25. Correspondance, p. 95.

26.   Poussin a répété ce tableau. Celui du Louvre fut peint seulement en 1649 pour Scarron. L'original était à la galerie d'Orléans, et a passé en Angleterre comme les deux suites des Sacrements et tant d'autres belles choses.

27.   Félibien, IV, 44.

28.   Il va sans dire que nous parlons du tableau du Louvre et nullement de l'excellente répétition appartenant au duc de Bedfort, qui est parfaitement conservée.

29.   Ces deux beaux ouvrages que nous réunissons, parce qu'ils méritent l'un et l'autre d'être cités et, qu'ils sont conservés dans le même musée, sont cependant d'une valeur inégale et de dates bien différentes. L'un, dont nous avons dit un mot, est probablement marieur au voyage de Paris : il n'a de parfaitement bien que le groupe de la jeune fille et des deux enfants ; le reste, bien admirable cependant, manque en certaines parties de la sûreté de goût et de la largeur de style qui distinguent Poussin. L'autre est un tableau les plus exquis de Poussin et de la peinture ; il doit être contemporain de l'Arcadie.

30.   Bien que notre intention ne puisse être de donner un catalogue complet de l'œuvre du grand paysagiste, nous croyons devoir rappeler encore un des plus puissants et des plus poétiques paysages de Poussin. C'est celui de la galerie Sciarra. Il représente un lac entouré de la plus vigoureuse végétation. L'horizon est échelonné de montagnes qui se dégradent dans des teintes d'un bleu sévère et se perdent dans des nuages sculpturaux. Le premier plan est largement évidé et semé de chapiteaux renversés et de fûts de colonnes. Jérémie est assis et écrit ses prophéties. Simplicité, richesse, équilibre, choix des détails, sérieux de l'idée, toutes les grandes qualités de Poussin se trouvent réunies dans ce tableau.

31.   Ces quatre tableaux ont été commencés en 1660 et terminés en 1664 pour le duc de Richelieu.

32.   Fait pour M. Lumagne en 1648.

33.   15 mars 1658.

34.   24 décembre 1659.

35.   Frère cadet de M. de Chautelou.

36.   16 novembre 1664.

37. L'une de ces copies était pour M. Pointel, un des meilleurs amis de Poussin et banquier à Paris. Poussin fit pour lui plusieurs ouvrages, entre autres Rébecca, — Moïse sauvé ; en 1648-49, la Vierge aux dix figures, — le Polyphème du musée de Madrid ; — en 1651, l'Orage et le Temps serein ; — en 1653, Jésus-Christ et Madeleine.

38. Gaspard Dughet (dit Gaspard Poussin) peintre de paysage, naquit à Rome en 1613 d'une famille originaire de Paris. Jean Dughet était graveur, et nous lui devons la reproduction de plusieurs ouvrages de Poussin. Le premier mourut à Rame en 1675. C'est lui qui passe pour avoir accompagné Poussin à Paris ; mais, comme il ressort de la lettre de Jean Dughet à M. de Chantelou qu'il y alla, nous pensons que les biographes se sont trompés. Ils peuvent du reste y être allés tous les deux.

39. Négociant de Lyon, pour lequel Poussin fit les deux beaux paysages où l'on porte le corps de Phocion et où on recueille ses cendres.

ISBN : 978-1726458733

www.ingramcontent.com/pod-product-compliance
Lightning Source LLC
Chambersburg PA
CBHW070942220526
45469CB00007B/2479